Ralf Staymann

Ich mach mir so meine Gedanken...

Ralf Staymann

Ich mach mir so meine Gedanken...

Fromm Verlag

Impressum / Imprint
Bibliografische Information der Deutschen Nationalbibliothek: Die Deutsche Nationalbibliothek verzeichnet diese Publikation in der Deutschen Nationalbibliografie; detaillierte bibliografische Daten sind im Internet über http://dnb.d-nb.de abrufbar.
Alle in diesem Buch genannten Marken und Produktnamen unterliegen warenzeichen-, marken- oder patentrechtlichem Schutz bzw. sind Warenzeichen oder eingetragene Warenzeichen der jeweiligen Inhaber. Die Wiedergabe von Marken, Produktnamen, Gebrauchsnamen, Handelsnamen, Warenbezeichnungen u.s.w. in diesem Werk berechtigt auch ohne besondere Kennzeichnung nicht zu der Annahme, dass solche Namen im Sinne der Warenzeichen- und Markenschutzgesetzgebung als frei zu betrachten wären und daher von jedermann benutzt werden dürften.

Bibliographic information published by the Deutsche Nationalbibliothek: The Deutsche Nationalbibliothek lists this publication in the Deutsche Nationalbibliografie; detailed bibliographic data are available in the Internet at http://dnb.d-nb.de.
Any brand names and product names mentioned in this book are subject to trademark, brand or patent protection and are trademarks or registered trademarks of their respective holders. The use of brand names, product names, common names, trade names, product descriptions etc. even without a particular marking in this work is in no way to be construed to mean that such names may be regarded as unrestricted in respect of trademark and brand protection legislation and could thus be used by anyone.

Verlag / Publisher:
Fromm Verlag
ist ein Imprint der / is a trademark of
OmniScriptum GmbH & Co. KG
Heinrich-Böcking-Str. 6-8, 66121 Saarbrücken, Deutschland / Germany
Email: info@frommverlag.de

Herstellung: siehe letzte Seite /
Printed at: see last page
ISBN: 978-3-8416-0557-3

Ralf Staymann

Ich mach mir so meine Gedanken …

Gedankensplitter …

Inhaltsverzeichnis

In der Fastenzeit mit allen Sinnen leben..............................5
Die Fastenzeit – eine Hörzeit...7
Fastenzeit als Chance: das Leben neu schmecken.................9
Da liegt was in der Luft...11
Das geht mir unter die Haut..13
Jetzt ist er wieder fort..15
Heilung geschieht, wenn wir aufeinander achten...................17
Hab Frieden, so lange du lebst..18
Der Glaube an die Engel verbindet Juden und Christen..........20
Wenn ich durch Türen gehe, verändert sich etwas in mir.........22
Die Zeit hinterlässt Spuren...23
Diesen Menschen, den ich da sehe, liebe ich........................24
Auch der Sommer will einmal Herbst und Welke spüren...........25
Sein wandernd Volk will leiten..26
Lachen lässt uns Menschen menschlich bleiben......................27
Die Erde ist freundlich, warum wir eigentlich nicht.................28
Ein besonderer Mensch aus früher Zeit – der hl. Georg...........29
Kirchen laden ein zur „Nacht der offenen Kirchen“..................30
Gute Nachrichten soll man nicht für sich behalten..................31
Gott hat sein Ja zu und zu jedem Menschen gesprochen........32
Die Ferienzeit ist wie eine große Pause..............................33
Ich weiß um meine Unvollkommenheit..................................34
In einer klaren Nacht ist der Vollmond faszinierend................35
Hildegard von Bingen – geerdete Spiritualiät.........................36
Lasst die Kinder zu mir kommen...37
Der Sinn des Lebens ist das Leben – Ostern und Pascha.......38
Ein österlicher Zwischenruf...39
Die Sehnsucht nach Frieden durchzieht die Geschichte..........40

Leicht zu sprechen ist nicht so leicht....................................41
Es lohnt sich einfach mal zuzuhören...................................42
Wenn ich wütend bin, will ich etwas verändern......................43
Die WM ist zu Ende. Die Probleme bleiben...........................44
Im Notwendigen Einheit, im Zweifel Freiheit, in allem Liebe......45
Gelegenheiten gibt es genug, Zivilcourage zu zeigen..............46

In der Fastenzeit mit allen Sinnen leben ...

Ich möchte so richtig aus dem Leben, aus dem Vollen, schöpfen. Jetzt in dieser Fastenzeit, die ja gerade erst begonnen hat. Ich möchte die kommenden Wochen vor Ostern so richtig genießen. Mit allen Sinnen. Denn die Fastenzeit ist für mich nicht in erster Linie eine Zeit der Entbehrung, des Verzichts, des Abnehmens, 40 Tage ohne. Ich möchte das Leben neu wahrnehmen. Ich möchte sinnvoll und ganz leben. Ich möchte meine Sinne pflegen. 40 Tage mit allen fünf Sinnen leben. Bewusster als sonst. Ein Buch hat mich dazu animiert: „Die Stadt der Blinden" des portugiesischen Schriftstellers Jose Saramago. Nach und nach erblinden immer mehr Menschen auf geheimnisvolle Weise. Eine Epidemie scheint ausgebrochen. Die Blinden werden eingesperrt. In der „Stadt der Blinden" lebt als einzige Sehende die Frau des Augenarztes. Sie wollte bei ihm sein und hat eine Erblindung vorgetäuscht. Am Ende vieler medizinischer Bemühungen können alle Blinden wieder sehen. Ein Happy End? Nicht ganz. Am Ende des Romans sagt der Augenarzt zu seiner Frau: „Warum sind wir erblindet, das weiß ich nicht ... soll ich dir sagen, was ich denke. Ja, ich glaube nicht, dass wir erblindet sind, ich glaube, wir sind blind. Blinde, die sehen ... Blinde, die sehend nicht sehen." Manchmal ist es ja wirklich so. Ich gehe durch die Straßen einer Stadt wie blind. Ich bin zu Hause, sehe fern, sehe, was in der Ferne los ist. Aber ich sehe nicht die erwartungsvollen Augen meiner Frau, die von den Erlebnissen an der Arbeit erzählen möchte. Oder die fröhlichen Augen der Tochter, die von ihren Erfolgen im Studium berichten möchte. Ich sehe und sehe doch nicht. Sehend blind. In der Bibel gibt es viele wunderbare Geschichten, die davon erzählen, wie Jesus einen blinden Menschen heilt. Das wünschte ich mir auch manchmal. Dass da einer kommt und meine Augen neu einstellt. Mir die Augen neu öffnet für das Schöne in der Schöpfung, für das Schöne an meinen Mitmenschen. Da gibt es doch so viel zu sehen, wenn ich genau hinschaue. Dann sehe ich auf einmal mehr. Nicht nur das Äußere. Nicht nur den Schein. Dann sehe ich in die Tiefe. Ich bin wie geheilt. Und der Mensch, den ich so anschaue, wird das spüren: Der schaut nicht an mir vorbei, der schaut nicht nur auf das Äußere, der schaut mich an. Der meint mich. Diese Erfahrung wünsche ich Ihnen – wenn möglich schon heute.

Die Fastenzeit – eine Hörzeit: Wer Ohren hat zum Hören, der höre!

Unser neuer kleiner Hund hält uns rund um die Uhr auf Trab. Seine Lieblingsbeschäftigung ist der Versuch Möbel anzuknabbern oder an den Gardinen zu ziehen. Fips, unser kleiner Terrier, hört längst nicht auf alles, was wir von ihm wollen. Er geht seine eigenen Wege. So sind wir immer hinter ihm her, damit er nichts zerstört oder gar sich selber verletzt. Denn in einen Stromkabel zu beißen ist nicht ganz so gut. Hunde haben ein viel feineres Gehör als wir Menschen. Ein Hund kann bedeutend höhere Frequenzen wahrnehmen und Geräuschquellen sogar dreidimensional orten. Er hört also sehr gut. Dann aber scheint er wieder schlecht oder gar nicht zu hören, wenn ich möchte, dass er zu mir kommt, sich aber schwanzwedelnd unter dem Sofa versteckt. Mit dem Hören ist das so eine Sache. Wir Menschen haben ein gutes Gehör. Sind die Ohren erkrankt oder im Alter geschwächt, spürt ein Mensch, wie wichtig es ist, hören zu können. Wenn ich morgens erwache, höre ich die Vögel singen und kann mich daran erfreuen. Und manchmal gelingt es mir, dass nicht als selbstverständlich hinzunehmen. Wie unser kleiner Hund ist mein Hören aber nicht immer sensibel genug. Ich höre zwar rein organisch, aber ich höre doch nicht. Diese Fastenzeit, die ich mit allen Sinnen erleben möchte, kann eine Hörzeit werden, wenn ich aufmerksam darauf achte zuzuhören. Tagtäglich begegnen mir so viele Menschen. Mit manchen von ihnen komme ich ins Gespräch. Für mich als Seelsorger hat das Gespräch eine besondere Bedeutung. Dann geht es mehr darum zu hören, zuzuhören, als selber zu reden. Dass ist eine Kunst, den anderen zu Wort kommen zu lassen, seine Worte zu hören, zwischen den Zeilen zu hören. Um unserem Terrier das Hören beizubringen, ist es wichtig, ihn zu loben, wenn es gelingt. Strafe und Tadel erzeugt das Gegenteil. Vielleicht müssen wir Menschen, die wir heute eher auf einen Bildschirm eingestellt sind, wieder neu lernen aufeinander zu hören. Wenn ich hinhöre, dann spürt mein

Mitmensch Interesse an seinem Leben. Das tut gut. Probieren Sie es doch einfach mal aus und hören sie bewusst einander zu. Vielleicht schon heute Abend, wenn Ihr Partner, Ihre Partnerin, Ihnen etwas erzählen möchte oder der Nachbar klingelt, weil ihm die Decke auf den Kopf fällt. Gelegenheiten zum Zuhören gibt es genug. Und wie sagt Jesus so treffend: Wer Ohren hat zum Hören, der höre!

Fastenzeit als Chance: das Leben neu schmecken.

Ich gebe gerne zu: Ich bin kein großer Asket. Doch die Fastenzeit lädt mich auch dieses Jahr wieder ein, auf das ein oder andere zu verzichten. Mir fällt das schwer und dennoch versuche ich es, weil es Sinn macht. Danach geht es mir besser. Ich fühle mich richtig wohl. Wenn ich den Erfolg spüre, manchmal sogar auf der Waage und wenn ich auf einmal wieder besser genießen kann. Und darum geht es mir in dieser Fastenzeit. Ich möchte das Leben neu genießen. Es wahrnehmen mit allen Sinnen. Ich möchte das Leben schmecken, mir sozusagen auf der Zunge zergehen lassen. Wenn ich drei Wochen lang täglich nur genau abgewogenes rohes Gemüse, frisches Obst, etwas Knäckebrot oder Zwieback mit Joghurt, Magerjoghurt versteht sich, zu mir genommen habe; wenn ich täglich mindestens zwei Liter Wasser getrunken habe; dann wächst die Sehnsucht nach einem guten Glas Wein, einem leckeren Schinkenbrot oder einer deftigen Kartoffelsuppe. Es macht Sinn, sich davon mal eine gewisse Zeit zu verabschieden, um anschließend wieder so richtig genießen zu können. Das schmeckt mir nicht, sage ich manchmal. Nicht immer meine ich dann das Essen. Denn eigentlich esse ich alles gerne, außer Spinat. Nein, es gibt Situationen, Erfahrungen, Erlebnisse, dann sage ich das. Das schmeckt mir nicht. Ich möchte in diesen Wochen vor Ostern neu lernen das Leben zu schmecken und es auch sagen zu können, wenn mir etwas nicht schmeckt. Nicht alles einfach herunter zu schlucken. Die Lebensmittel, die mir geschenkt sind, und auch die Dinge oder auch Mitmenschen, die mir nicht schmecken, mir schmackhaft zu machen. Nicht immer ist alles und ist jede und jeder genießbar, oft genug bin ich es selber nicht. Wenn ich auf Jesus schaue, dann sehe ich einen Menschen, der das Leben genossen hat. Der gerne mit den Menschen Mahl gehalten hat. Der es nicht aushalten konnte, dass bei einer Hochzeit der Wein ausging. Wenn ich auf Jesus schaue, dann sehe ich einen Menschen, der Gottes unbedingte Liebe gelebt hat. Er nahm jeden Menschen so an, wie er war. Ihm schmeckte es bei den Menschen zu sein, auch wenn ihm vielleicht nicht jeder schmeckte. Viele wurden durch seine Nähe, durch die Gespräche mit ihm, durch seine Botschaft anders. Sie konnten das Leben neu genießen. Also: Lassen Sie es sich schmecken!

Da liegt was in der Luft ...

Unser kleiner Terrier Fips hält sich am liebsten in der Küche auf. Dort riecht es so gut. Wenn wir alle am Küchentisch sitzen oder gekocht wird ist es besonders interessant. Er sucht jeden Krümel und hält seine Nase ständig Richtung Herd. Die vielen verlockenden Gerüche machen ihn ganz nervös. Hunde können ja bekanntlich rund tausend Gerüche unterscheiden. Der Geruchssinn gibt dem Hund jede gewünschte Information und ist vierzig bis hundertmal stärker als der des Menschen. Manchmal wünschte ich mir auch so ein Näschen. Nicht nur, um die leckeren Gerüche von Lebensmitteln aufzuspüren. Das wäre natürlich auch schön, aber würde mich wohl eher überfordern. Nein, ich würde auch gerne so ein Näschen haben, um zu riechen, was in der Luft liegt. Für diese Fastenzeit habe ich mir vorgenommen bewusster als sonst mit allen Sinnen, sinnvoll, zu leben. Die Nase ist ein wichtiges Sinnesorgan. Ich fühle mich in einem Raum angesprochen, wenn es gut riecht. Manche geben ihrer Wohnung gerne eine besondere Note durch Duftlampen oder Kerzen. In den katholischen Kirchen wird bei feierlichen Gottesdiensten Weihrauch benutzt. Für manche Nasen vielleicht eher eine Zumutung als eine Erinnerung an den Wohlgeruch Christi. Oft spiegelt die Nase etwas wider von der Beziehung der Menschen untereinander, wenn jemand sagt: Den kann ich nicht riechen. Manchen Mitmenschen wird unterstellt, dass sie ihre Nase ziemlich hoch halten. Ich wünsche mir eine sensible Nase, damit ich rieche, was in der Luft liegt. Damit ich spüre, wenn sich Menschen in meiner Nähe nicht riechen können und versuche, sie wieder miteinander ins Gespräch zu bringen. Dass ich auch wahrnehme, wenn ich selber jemanden nicht riechen kann und versuche neu auf diesen Menschen zuzugehen. Ich wünsche mir, dass ich auch dann, wenn etwas zum Himmel stinkt, mich nicht zurückziehe und die Nase rümpfe. Der Prophet Amos im Ersten Testament erhob immer wieder seine Stimme, wenn es zum Himmel stank: Ich hasse eure Feste, ich verabscheue sie und kann eure Feiern nicht riechen. Er konnte es nicht riechen, wenn Menschen sich gegen Gott und ihre Mitmenschen stellten und auf Kosten anderer lebten. Eine solche feine Nase wünsche ich Ihnen und mir.

Das geht mir unter die Haut ...

Es gibt viele Spiele, die unseren Tastsinn ansprechen. Schon für die Babys ist es wichtig, Gegenstände zu ertasten und auf diese Weise kennenzulernen. Babys sind besonders sinnliche Wesen. Für sie ist es wichtig, viele Sinneseindrücke von ihrer Umwelt zu bekommen. Alles, was sich mit den Händen formen und verändern lässt, regt den Tastsinn an: Knete, Watte, Schaumstoff. Ich erinnere gut: In den Ferienfreizeiten war es üblich mit verbundenen Augen Gegenstände zu ertasten und zu erraten. Dass da manchmal etwas eklige Sachen bei waren versteht sich von selbst, es sollte ja auch der Belustigung dienen. Bei uns in der Stadt gibt es seit einiger Zeit ein Restaurant, in dem alles verdunkelt ist. Nur durch Ertasten finde ich meinen Platz und lande nicht auf dem Boden oder dem Schoß des Nachbarn. Auch das Besteck und letztlich das Essen muss ich mir ertasten. Der sogenannte Tastsinn ist ein mechanischer Sinn und wird durch die Haut weitergeleitet. Beim Menschen geschieht das insbesondere über die Hände und die Fingerspitzen. Von Menschen, die in heilenden oder pädagogischen Berufen tätig sind, erwarten wir zu Recht eine „gute Hand" und mehr noch „Fingerspitzengefühl". Wenn ich mir für diese Fastenzeit vorgenommen habe, mehr als sonst mit allen Sinnen zu leben, dann gehört auch das dazu: Darauf zu achten, dass ich mit meinen Mitmenschen gut umgehe, dass ich sensibel bin und Fingerspitzengefühl habe. Elefanten im Porzellanladen sind dickhäutig und stoßen vieles um. Ich möchte kein dickes Fell haben, sondern eine sensible Haut. Ein Mensch, dem noch etwas unter die Haut gehen kann, ist feinfühlig genug, die Sorgen und Nöte der Mitmenschen zu sehen. Jesus war ein Mensch, der nicht nur Gottes Botschaft lehrte, sondern Gottes Nähe zu den Menschen lebte. Die Kinder berührte er und nahm sie auf seinen Arm, den Kranken legte er die Hände auf und heilte sie. Durch Jesus wurden die Menschen von Gott berührt. Es ist tröstlich, dass dieser Jesus auch aus der Haut fahren konnte, wenn er Ungerechtes erkannte. Ich wünsche mir das nötige Fingerspitzengefühl im Umgang mit meinen Mitmenschen, aber auch den Mut „aus der Haut zu fahren“, wenn es nötig ist.

Jetzt ist er wieder fort ...

Er wurde von vielen Menschen mit Spannung und Freude erwartet: der Papst in Deutschland. Gestern Abend ist er wieder nach Rom zurückgekehrt. Ich gehöre nicht zur römisch-katholischen Schwesterkirche, ich brauche das Papstamt für meinen Glauben nicht. Ich kann auch ohne Rom gut katholisch sein. Doch die Botschaft der Reise, das Leitwort, spricht mich an: Wo Gott ist, da ist Zukunft. Ein Wort, das verbindet. Christinnen und Christen aller Konfessionen können sich in diesem Wort wieder finden. Wo Gott ist, da ist Zukunft. Ich vertraue darauf, dass Gott in mir und allen Menschen guten Willens wirkt. Dass er uns allen hilft, die Zukunft zu gestalten. Innerkirchlich gibt es da ganz unterschiedliche Ansätze und Vorgaben. Manche davon führen uns näher zueinander, andere manchmal auseinander. Es geht darum, dass wir die Zukunft gemeinsam gestalten, weil wir daran glauben, dass Gott sie uns geschenkt hat. Gestern haben wir in unseren Gemeinden den Diakonie – oder Caritassonntag begangen und damit einen Blick gerichtet auf die Menschen am Rande unserer Gesellschaft. Diese Menschen stehen oft leider auch am Rande unserer Kirchen, Gemeinden und Gemeinschaften. Sie sehen oft keinen Sinn mehr in ihrem Leben und erkennen für sich keine Zukunft. Konkret sind in unserem Land rund 15 % der Menschen, also etwa 12 Millionen, bedürftig oder von Armut bedroht und leben am Rande des Existenzminimums. Ich glaube, dass ist das, worauf die Menschen in unserem Land hoffen. Dass die Kirchen hier ihren Auftrag stärker wahrnehmen. Wo Gott ist, da ist Zukunft. Dieses Wort bleibt hohl und leer, wenn wir es nicht spürbar mit Leben füllen. Der Papstbesuch in Deutschland hat viel Geld gekostet. Das verstehen viele Menschen nicht. Die Investition hat sich gelohnt, wenn die Botschaft angekommen ist. Wenn das ökumenische Miteinander aller Kirchen einen neuen Schwung erfahren hat. Wenn der Blick neu geschärft wurde für die Menschen, die am Rande stehen.

Heilung geschieht, wenn wir aufeinander achten …

Ich erinnere mich gerne an Jesus, der die Menschen heilte. Der den Tauben das Gehör, den Stummen die Stimme, den Blinden das Augenlicht und den Gelähmten die Bewegung zurück schenkte. Das eigentliche Wunder für mich: Jesus begegnet diesen Menschen auf Augenhöhe. Nicht von oben herab. Er ging zu ihnen in ihre Einsamkeit, er löste die Barrieren auf, und schenkte Begegnung und Gemeinschaft. Heilung geschieht für mich dann, wenn wir aufeinander achten. Wenn wir im Sinne Jesu behinderte Menschen in die Mitte holen. Er sagte zu dem Mann mit der verdorrten Hand: Steh auf und stell dich in die Mitte. Heute ist der Welttag der Gehörlosen. Annähernd 250 Millionen Mitmenschen sind es weltweit. Ich kann mir das nicht vorstellen, wie es ist, schlecht oder gar nicht zu hören. Ein gehörloser Mensch kann die Lautsprache nicht über das Hören erlernen. Der Zugang zur Schriftsprache ist viel schwerer. Die Gebärdensprache hilft ihnen dabei zu kommunizieren. Viele haben gelernt, das Gesprochene vom Mund des anderen Menschen abzulesen. Sicher: Es gibt heute hochsensible Hörgeräte, die auf jede Situation eingestellt werden können. Doch ich kenne viele Menschen, besonders ältere, die sich nicht so leicht damit tun. Die eher auf dieses Hilfsmittel verzichten. Dann ist es umso wichtiger, dass die gut Hörenden darauf Rücksicht nehmen. Blickkontakt und deutliches Sprechen, ohne Kaugummi im Mund oder einer Hand davor, sind für das Miteinander wichtig. Ein Gehörlosenseelsorger erzählte mir, dass die Situation der Gehörlosen besonders schwer sei, weil sie von der üblichen Kommunikation ausgeschlossen seien. Sie sind in dem Sinne nicht behindert, sondern werden behindert: sie können kein Radio hören, oft genug gibt es keine Untertitel im Fernsehen. Auch im normalen Gemeindegottesdienst verstehen sie vieles nicht. Ich wünsche mir, dass wir aufeinander achten, hörende und gehörlose, dass wir einander wahrnehmen, dass wir voneinander lernen.

Hab Frieden, so lange du lebst!

Hab Frieden, so lange du lebst! Mose hat dieses Segenswort kurz vor seinem Tod auf dem Berg Nebo gesprochen. An der Stelle im heutigen Jordanien, an dem er vermutlich beerdigt wurde, und vor seinem Tod auf das Gelobte Land herab sehen konnte. Selber durfte er es nicht mehr betreten. Hab Frieden, so lange du lebst! Wie ein Vermächtnis liegt dieser Segen über die Weite dieser Region. Manche nennen diese wechselvolle Landschaft von Palästina und Israel das „fünfte Evangelium". Dort leben sie alle zusammen: die Menschen aus den drei großen Weltreligionen: Christen, Juden und Muslime. Es ist ein Zusammenleben voller Spannungen und auch kriegerischer Auseinandersetzungen. Alles andere als friedlich. Immer wieder hören wir davon und sehen die Bilder. Oft genug kommt es zu Zwischenfällen im Grenzbereich zwischen Palästina und Israel. Wir wissen davon. Zu viele Menschen auf beiden Seiten sind diesem Unfrieden bereits zum Opfer gefallen. Und selbst in der Grabeskirche der Christen in Jerusalem geht es nicht immer friedlich zu. Dort bezeugen Menschen unterschiedlicher Konfessionen den Tod und die Auferweckung Jesu. Weil sich die armenischen, orthodoxen und katholischen Christen unter dem einen Dach der Kirche aber nicht verstehen, verwalten zwei muslimische Familien seit Jahrhunderten den Schlüssel und die Eingänge dieser Kirche. Ein spannungsgeladenes Zusammenleben also auch unter den Christen im Heiligen Land. Alles andere als friedlich. Hab Frieden, so lange du lebst. Die Bitte des Moses ist bis heute unerfüllt. Im Schauen vom Berg Nebo herunter in die Weite wird alles klein, die Unruhen, die Spannungen. Aber sie sind noch da. Ich freue mich darauf, bald auf dem Berg Nebo sein zu können. Die Sehnsucht nach Frieden ist groß. Wenn ich am Ende der Reise meinen Koffer packe, dann möchte ich beides im Gepäck mit nehmen: die

Hoffnung auf Frieden und die Sehnsucht nach Frieden. Des Friedens, der bekanntlich im Kleinen zuhause beginnt.

Der Glaube an die Engel verbindet Juden und Christen (29.11.2011)

Es ist schön, dass heute zwei Feste zusammen fallen: das christliche Erzengelfest und das jüdische Neujahrsfest. Eigentlich haben sie nichts miteinander zu tun. Doch ich finde diese beiden so unterschiedlichen Festtage passen gut zusammen: die Engel, die Boten Gottes in meinem Leben, und der Blick auf ein neues Jahr, dessen Beginn unsere jüdischen Geschwister heute feiern. Und die Engel sind ja auch keine Erfindung des Christentums. Sie haben ihren Ursprung in der hebräischen Bibel – im Ersten Testament – im Glauben der Israeliten. So erschien Michael den Jünglingen im Feuerofen und rettete sie. Raphael war der Wegbegleiter des jungen Tobias im Buch Tobit. Gabriel prophezeite dem Propheten Daniel den Messias und verkündete an der Nahtstelle zum Neuen Bund die frohe Botschaft an Maria. Und Juden und Christen singen und beten bis heute in den Psalmen der Bibel: „Er befiehlt seinen Engeln, dich zu behüten auf all deinen Wegen". Engel sind Boten Gottes, die uns schützen, stärken und begleiten möchten. Dieser Glaube an die Engel ist wie ein christlich-jüdisches Vermächtnis. In der wohl grausamsten Zeit der deutschen Geschichte, in der Millionen von Juden und unzählige Menschen aus der Bekennenden Kirche dem Nationalsozialismus zum Opfer fielen, schrieb der evangelische Theologe Dietrich Bonhoeffer über Engel: „Wenn es im alten Kinderlied von den Engeln heißt: zweie, die mich decken, zweie, die mich wecken, so ist diese Bewahrung am Abend und am Morgen durch gute unsichtbare Mächte etwas, was wir Erwachsene heute nicht weniger brauchen als die Kinder." Viele Menschen entdecken heute für sich die Engel neu. Das ist für mich kein naiver Glaube, der noch in den Kinderschuhen steckt. Der Glaube an die Engel ist die Hoffnung und die Zuversicht: Ich bin nicht allein. Ich bin getragen von meinem Gott, der mir seine Engel an die Seite stellt, um mich zu behüten und zu begleiten. Ich wünsche Ihnen diese Hoffnung und unseren jüdischen Geschwistern ein von Engeln behütetes neues Jahr.

Wenn ich durch Türen gehe, verändert sich etwas in mir

Wenn ich durch Türen gehe, verändert sich etwas in mir. Das ist meine Erfahrung. So ist es ein erhebendes Gefühl, wenn ich etwa durch das große Portal des Kölner Domes schreite und das Innere der Kathedrale betrete. Das gewaltige Portal stimmt mich darauf ein, in einen besonderen Raum zu gehen, einen heiligen Raum. Es gibt aber nicht nur die großen geschmückten Portale, durch die ich einen Kirchenraum betrete. Auf eine ganz andere Kirchentür treffen Pilgerinnen und Pilger in Palästina. Im Heiligen Land. Es ist die kleine Tür zur Geburtskirche Jesu in Betlehem. Die Tür hat nur eine Höhe von 1,20 m. Vermutlich um berittene Angreifer aufzuhalten, wurde das ursprünglich große Portal verkleinert. Die Menschen nennen diese Tür heute das „Tor der Demut". Jeder Mensch, der diese Kirche betreten möchte, muss sich bücken, sich klein machen, sich verneigen. Jeder Staatsmann, jeder Papst, jeder Mensch. Diese unscheinbare Tür erinnert daran, dass Gott Mensch geworden ist im Kind Jesus von Nazareth. Er hat sich klein gemacht, um uns nah zu sein. Betlehem ist der Ort, an dem dies spürbar wird. Und diese Tür ist ein besonderes Zeichen dafür. Ich freue mich darauf, bald dort sein zu können. Ich werde mich dann selber bücken müssen, um in die Geburtskirche zu gelangen. Mich verneigen, an dieser Tür, die nur Kinder aufrecht durchschreiten können. Ja, wenn ich durch Türen gehe, verändert sich manches Mal etwas in mir. Denn ich muss ja wieder hinausgehen. Ich habe neue Menschen kennen gelernt, neue Lebensmöglichkeiten entdeckt, Neues erfahren und Neues gesehen. Wenn ich zurück komme aus dem Land der Bibel wünsche ich mir neue Sichtweisen. Veränderte Blickwinkel. Manche Türen werden mir wohl verschlossen bleiben. Aber viele Türen werden mir hoffentlich offen stehen. So meine Hoffnung. Ich wünsche mir neue Einblicke auf das Leben der Menschen, die dort um Frieden ringen und selber auf offene Türen und Begegnungen hoffen.

Die Zeit hinterlässt Spuren im Gesicht

„Von einem bestimmten Alter an ist jeder Mensch für sein Gesicht verantwortlich." Ein Wort von Albert Camus. Ich denke, er meint: Kein Körperteil steht so im Mittelpunkt wie das Gesicht. Das Gesicht ist Spiegel der Seele. Es gibt etwas von meinem Leben preis. Mit der Zeit wandelt sich unser Gesicht. Nichts anhaben konnte die Zeit dem Gesicht eines jungen Bergmanns, der kurz vor seiner Hochzeit unter Tage tödlich verunglückte. Seine Leiche wird erst Jahrzehnte später aus Schutt und Wasser ausgegraben. Das eisenhaltige Wasser hat seinen Körper durchtränkt. Seine Gesichtszüge blieben erhalten. Der Tote wird zutage gefördert, aber niemand kann sich an ihn erinnern. Seine Angehörige und Freunde sind längst verstorben. Schließlich kommt zitternd und gebeugt auf ihrem Stock eine alte Frau herbei. Sogleich erkennt sie in dem Toten ihren früheren Bräutigam. Vor mehr als 50 Jahren war er einige Tage vor der Hochzeit im Bergwerk verschüttet worden.* Die Geschichte erinnert an einen Film, der um ein Vielfaches zu schnell läuft. Unsere Erfahrung: Die Zeit hinterlässt Spuren in unseren Gesichtern. Nur in leblosem, konserviertem Zustand kann ein Mensch sein Gesicht wahren, wie in der anrührenden Geschichte. Ein lebendiges Gesicht erzählt vom Leben, gibt Einblicke ins Leben, ist gezeichnet vom Leben. Die Spuren der Zeit im Gesicht eines Menschen sind wie ein Ausweis all dessen, was dieser Mensch erlebt hat. Dass er sich gefreut hat am Leben, das er gelitten hat in seinem Leben. Und jeder Gesichtszug, jede Falte sagt: Ich lebe. Ich bin auf dem Weg durch die Zeit.

* Geschichte von Johann Peter Hebel

Diesen Menschen, den ich da sehe, liebe ich.

Jeden Morgen gehe ich zuerst ins Bad und stehe vor dem Spiegel. Verschlafen, unordentlich, zerzaust sehe ich mein Gesicht. Mein eigenes Gesicht. Es ist das erste, was ich vom neuen Tag sehe. Mein Gesicht im Spiegel. Ich schaue es an und denke: Ich kenne dich nicht, aber ich wasche dich trotzdem. Manchmal gelingt es mir in Ruhe mir selber zu sagen: Dieser Mensch, den ich da sehe, ist ein von Gott geliebter und bejahter Mensch. Ich höre dann auch meine eigene Frage in mir: Was ist an mir schon liebenswert? Ich bin noch nicht in Hochform. Ich bin noch nicht gewaschen, nicht gestylt und nicht gepflegt. Ich habe noch nichts geleistet an diesem neuen Tag. Ich habe noch längst keinen Grund, mit mir zufrieden zu sein. Mich an mir selber zu erfreuen. „Doch dann fällt mir Psalm 8 ein, mein Lieblingspsalm: Was ist der Mensch, dass du an ihn denkst, ..., dass du dich seiner annimmst? Du hast ihn nur wenig geringer gemacht als Gott, hast ihn mit Herrlichkeit und Ehre gekrönt.“ (Psalm 8,5-6) Dann wird mir bewusst: Gott liebt mich. So wie ich bin. Er hat mich mit Herrlichkeit und Ehre gekrönt. Ich schaue in den Spiegel und erfreue mich an diesem Gedanken. Noch ungewaschen und ungepflegt. Und dann kann ich auch sagen: Ja, diesen Menschen, den ich da sehe, liebe ich auch. Ich lächle mein eigenes Gesicht an. Weil Gott Ja sagt zu mir, sage ich auch Ja zu mir und zu diesem neuen Tag: Mein Morgengebet. Man kann sich natürlich auch am Abend vor den Spiegel stellen. Denn das JA Gottes ist an keine Tageszeit gebunden.

Auch der schönste Sommer will einmal Herbst und Welke spüren.

„Auch der schönste Sommer will einmal Herbst und Welke spüren." So schreibt Hermann Hesse in einem seiner Gedichte. Das Alter bezeichnen wir gerne als den Herbst des Lebens. Das Alter ist oft beides: ein herrlicher Altweibersommer, ein goldener Oktober und kräftige Herbststürme mit nasskaltem Regenwetter. Das Alter hat viele Gesichter. Aktive, fröhliche Senioren, die bewusst, aktiv und engagiert leben; die reisen, vielleicht noch mal studieren, Nordic walkend durch die Parkanlagen ziehen, sich noch mal verlieben, mit Enkelkindern ausgelassen im Garten spielen. Das sind die schönen Seiten des Altwerdens. Der goldene Oktober. Und es gibt die andere Seite. Wenn Menschen nicht mehr so können, wie sie wollen; die Kräfte nachlassen, die Einsamkeit kommt, weil der Partner, die Freundinnen und die Angehörigen längst verstorben sind. Wenn nichts so bleibt, wie es mal war. Wenn das Gedächtnis nachlässt und für viele die Reise ins Vergessen beginnt. Wenn der eigene Tod immer mehr in den Blick gerät. Diese Menschen spüren dann den Herbst des Lebens wie Stürme und nasskaltes Regenwetter. Die Bibel ist da realistisch. Sie erzählt und singt vom Leben in den Psalmen: „Von Jahr zu Jahr säst du die Menschen aus, sie gleichen dem sprossenden Gras. Am Morgen grünt es und blüht, am Abend wird es geschnitten und welkt." (Psalm 90,5-6). Unerfüllte Wünsche, verschenkte Möglichkeiten, Leid und Krankheit in Gottes Hände zu legen, dazu lädt der Herbst des Lebens ein. Die letzten goldenen Sonnenstrahlen zu genießen, Rückschau zu halten auf den Frühling des Lebens und die schönen Sommertage; die Ernte zu genießen. Und sich dann eines Tages vom Wind nach Hause, zu Gott, wehen zu lassen.

Sein wandernd Volk will leiten ... (11.10.2011)

Heute vor 50 Jahren hat Papst Johannes XXIII. das 2. Vatikanische Konzil eröffnet. Nicht nur die Katholiken schauten an diesem Tag aufmerksam nach Rom. Auch die Christinnen und Christen der anderen Kirchen blickten gespannt auf das Konzil, das vom Bischof von Rom mit dem Wort „Aggiornamento“ angekündigt wurde. Aggiornamento – frei übersetzt: eine Öffnung hin zum Heute. Dieses Konzil suchte die alten Bilder der Kirche neu zu entdecken. Kirche als Communio, als Gemeinschaft; Kirche als pilgerndes Gottesvolk. „Sein wandernd Volk will leiten, der Herr in dieser Zeit; ...“, so sangen die Christen nach dem Konzil. Der Chor des Gottesvolkes auf dem Weg wurde schon während des Konzils vielstimmig. Die anderen christlichen Kirchen waren als Beobachter in der Konzilsaula vertreten. Die Ökumene hatte einen festen Platz in den Gesprächen und Beschlüssen bekommen. Die römische Kirche trat mit dem Konzil offiziell in die ökumenische Bewegung ein, vorher wäre das nicht denkbar gewesen. Das Schlussdokument zur Ökumene ermutigt bis heute zu einer Ökumene auf Augenhöhe. Ist es doch das erste offizielle Wort aus dem Vatikan zugunsten des ökumenischen Dialogs. Ich gehöre nicht zur römisch-katholischen Schwesterkirche, aber erinnere heute gerne an diesen denkwürdigen 11. Oktober 1962 in Rom. Ich erinnere gerne an diesen mutigen, kleinen und korpulenten Papst Johannes. Sein Mut und seine Weitsicht helfen uns bis heute als Christinnen und Christen aufeinander zuzugehen. Getrennt in Konfessionen, aber durch die eine Taufe verbunden als das eine Gottesvolk unterwegs.

Lachen lässt uns Menschen menschlich bleiben

Ihre Namen sind lustig und phantasiereich. Sie heißen Dr. Johannis Kraut, Dr. Rundkragen oder Dr. Schlamassel. Es sind Clowns, Menschen, die andere Menschen zum Lachen bringen. Dort, wo es sonst wenig zu lachen gibt. Sie sind Clowndoktoren und erleichtern den kleinen Patienten auf den Kinderstationen den Alltag. Oft im weißen Kittel, wie die richtigen Ärzte, aber ohne Spritze und Stethoskop und mit roter Nase im Gesicht. Mit ihrer Herzlichkeit und ihrem Humor bereiten sie den Kindern ein wenig Freude in einer fremden und auch bedrohlichen Umgebung. Ihre Späße sind nicht oberflächlich. Sie geben den Kindern und auch den Eltern Lebensfreude und Lebensmut. Sie erinnern an das alte Wort von Hippokrates: Lachen ist die beste Medizin. Dieses Wort gilt noch heute. Clowns helfen uns zu lachen. Die Clowndoktoren helfen den kranken Kindern zu lachen. Sie helfen zu lachen, wenn es scheinbar nichts mehr zu lachen gibt. Sie helfen zu lachen. Nicht über andere, mehr über uns selber. Es geht nicht um einen lustigen Auftritt, um eine Nummer. Um Comedy. Es geht um das Hinhören auf das Leben der Menschen. Lachen, ja schon ein Lächeln hat tiefe Auswirkungen auf unser Befinden. Wenn sich die Mundwinkel heben, wird die Seele positiv beeinflusst. In einem Psalm heißt es: „Als der Herr das Los der Gefangenschaft Zions wendete, da waren wir alle wie Träumende. Da war unser Mund voll Lachen.“ (Psalm 126;1-2a) So soll es sein. Lachen befreit. Wer lacht, nimmt das Leben nicht so bierernst und nimmt sich selbst nicht so wichtig. Lachen ist das Bekenntnis, dass wir Menschen sind. Das Lachen lässt uns Menschen menschlich bleiben.

Die Erde ist freundlich, warum wir eigentlich nicht?

Dieser Planet ist uns geschenkt. Nicht jeden Tag gelingt es mir, mir diesen Satz bewusst zu machen. Bewusst auf dieser Erde zu gehen und zu leben. Heute habe ich es mal ganz bewusst getan. Denn heute (22. April) ist der internationale Tag der Erde. 1990 erstmalig begangen. 175 Länder beteiligen sich daran. Der Tag der Erde - zum ersten Mal nehme ich diesen Tag wahr. Mir kommt ein Lied von Herbert Grönemeyer in den Sinn: Ein Stück vom Himmel. Darin singt er: Die Erde ist freundlich, warum wir eigentlich nicht? Eine provozierende Frage. Ich habe heute versucht diese Erde, die sich mir freundlich zeigt, bewusst wahrzunehmen. Meine Schritte nicht unbedacht zu gehen. Meine Augen nicht ins Leere blicken zu lassen. Die Erde ist uns geschenkt, sie ist freundlich, gerade jetzt in dieser Jahreszeit, in der alles blüht und wächst. Endlich. Es gibt so viel zu sehen und zu berühren, zu riechen, zu schmecken und zu hören. Für mich ist diese Erde mehr als nur ein Planet. Sie ist mehr als nur natürliche Umwelt. Für mich ist diese Erde eine Schöpfung Gottes. Mit den Tieren und Pflanzen gehören wir Menschen dazu. So erzählen es ja auch die alten Schöpfungsgeschichten der Bibel. Sie sind keine Berichte, wie alles genau geworden ist. Aber sie erzählen, was es mit der Erde auf sich hat. Macht euch die Erde untertan, heißt es in der Bibel. Damit ist gemeint, die Erde zu bewahren und die Tiere und Pflanzen zu behüten. Behutsam mit ihnen und miteinander umzugehen. Nachhaltig zu leben, damit auch unsere Nachkommen die freundliche Erde genießen können. Es geht heute am Tag der Erde nicht nur um diesen einen Tag. Sondern immer wieder diese Erde als Geschenk bewusst wahrzunehmen und sich für ihren Erhalt einzusetzen. Eine gesunde Erde bedeutet gesunde Schöpfung als freundlichen, lebenswerten Ort für die Zukunft.

Ein besonderer Mensch aus früher Zeit – der Hl. Georg (23. April)

Heute ist der Tag des Hl. Georg. Ein nicht unumstrittener Heiliger. Sogar so umstritten, dass er 1969 offiziell aus dem Heiligenkalender entfernt wurde, weil Menschen ihn zum Patron der Kreuzzüge und der Ritterorden gemacht hatten. Später aber wurde er wieder aufgenommen. Wohl wegen seiner großen Popularität und Verehrung. Wie bei vielen Heiligen, gibt es auch bei Georg eine Unmenge an Legenden. Bekannt ist vielen die Drachenlegende. Georg soll eine Königstochter vor einem Drachen gerettet haben, in dem er die Bestie mit dem Schwert getötet hat. So wird er oft dargestellt. Der Gute besiegt das Böse. Georg ist ein besonderer Mensch aus früher Zeit. Einer Zeit, in der die Christen verfolgt und diskriminiert, gefoltert und getötet wurden. Georg hat seinen Verfolgern widerstanden, er hat sich nicht verbiegen lassen. Er starb für den noch jungen Christenglauben im beginnenden 4. Jh. Mir ist das wichtiger, als alle Legenden, die sich um ihn ranken. Georg, ein Mensch der Vergangenheit, er hat auch mit unserer Zeit zu tun. Es gibt auch heute Christen, die verfolgt und diskriminiert werden. Schätzungen sprechen von 100 Tausend ermordeten Christen im Jahr. Andere werden in ihren Lebensmöglichkeiten eingeschränkt, können ihren Glauben nicht frei leben und ausüben. Ich bin froh und dankbar, dass ich in unserem Land ungehindert meinen Glauben leben und praktizieren kann. Manchmal vielleicht belächelt zu werden. Ein anderes Mal kritisch hinterfragt zu sein. Damit kann ich aber gut umgehen. Dadurch ist mein Leben nicht in Gefahr. Darüber komme ich sogar mit Menschen ins Gespräch über den Glauben, über das Leben. Georg kann mich mit seiner Lebensgeschichte daran erinnern. Zu meinem Glauben zu stehen. Das Christsein nicht zu verstecken, aber auch nicht aufzudrängen.

Kirchen laden ein zur Nacht der offenen Kirchen

Ich stehe mitten in einem Koblenzer Einkaufszentrum und erzähle von meiner Gemeinde und meinem Glauben. Das ist für mich eine neue Erfahrung. In der Kirche und in unseren Gemeinderäumen fällt es mir leicht über meinen Glauben zu sprechen. Da ist das üblich. Da wird es von mir als Pfarrer auch zu recht erwartet. Aber in dieser geschäftigen Öffentlichkeit ist es anders. Ich bin verunsichert. Da gehen Menschen umher, rennen teilweise. Sie denken an ihre Besorgungen, an ihre nächsten Termine. Störungen sind nicht eingeplant. Keine Zeit. Da sind andere, die haben Zeit, lassen sich gerne stören. Sie kommen näher, können zuhören, stellen Fragen, sprechen miteinander. Der Anlass für meine Gespräche im Einkaufszentrum ist die Nacht der offenen Kirchen. Hierfür haben wir geworben, alle Kirchen von Koblenz gemeinsam, ganz ökumenisch. Die Kirchen auf einer Aktionsbühne zwischen den Geschäften mitten im Einkaufszentrum. Eine Überraschung für viele: Die Kirchen sind da, wo die Menschen sind. Wo die Menschen einkaufen und verkaufen. Sicher, der Glaube lässt sich nicht verkaufen. Aber ich gebe meinem Glauben ein Gesicht, mein Gesicht, wenn ich von meiner Kirche und meinen Erfahrungen mit dieser Kirche erzähle. Einladend. Ich spüre die Offenheit und das Wohlwollen der Menschen, die dort sind. Die sich die Zeit nehmen, diese Einladung anzuhören. „Das ist toll, hier einmal die Kirchen in ihrer Vielfalt zu erleben“, sagt mir eine ältere Dame. Und sie fährt fort: „Mitten im Einkaufsgeschehen werde ich unterbrochen. Mit etwas konfrontiert, mit dem ich nicht gerechnet habe. Aber das tut gut, dass die Kirchen mitten im Leben sind.“ Meine anfängliche Verunsicherung verwandelt sich. Ich bin dankbar, hier sprechen zu können. Menschen ansprechen zu dürfen, von Menschen angesprochen zu werden, einladen zu können, zu mir in die Kirche, zu dem, was mir wichtig ist.

Gute Nachrichten soll man nicht für sich behalten – Evangelist Markus (25. April)

Ich habe zwei Nachrichten für Sie. Eine schlechte und eine gute, welche möchten Sie zuerst hören. Manche Botschaften oder auch schlechte Witze werden gerne so eingeleitet. Grundsätzlich hören wir Menschen ja lieber gute Nachrichten. Nachrichten, die uns aufbauen und guttun. Im Neuen Testament der Bibel gibt es die vier Evangelien. Evangelium heißt gute Nachricht, gute Botschaft, frohe Botschaft. Sie erzählen uns von Jesus. Jeder Evangelist tut das auf seine Weise. Heute steht der Evangelist Markus im Kalender der christlichen Kirchen. Er hat heute Namenstag. Er gilt als der Verfasser des Markusevangeliums, der ältesten frohen Botschaft. Bei unseren koptischen Mitchristen in Ägypten wird er besonders verehrt. Sie sehen in ihm ihren ersten Papst. War Markus doch der erste Bischof von Alexandria in Ägypten. Einem wichtigen Zentrum der frühen Christenheit. Ich lese gerne in diesem alten Glaubensbuch des Evangelisten Markus. Wenn er erzählt: über das heilende und aufbauende Wirken des Jesus von Nazareth in Galiläa. Über seinen Weg nach Jerusalem hinauf und den Begegnungen mit den Menschen seiner Zeit. Ich lese über sein Leiden und Sterben, seinen Tod und die Auferstehungserfahrungen seiner Jüngerinnen und Jünger. Es ist nicht nur das älteste, sondern auch das kürzeste Evangelium. In dieser Kürze kommt mir Jesus von Nazareth sehr nahe. Ich bekomme ein Bild von ihm und mache mir mein eigenes Bild. Markus bezeugt einen Jesus, der durch Wort und Tat, das Reich Gottes schon jetzt erfahrbar werden lassen wollte. Das Reich Gottes ist schon mitten unter euch, lässt er Jesus sagen. Heute ist es unsere Aufgabe dieses Reich mit unseren Kräften aufzubauen. Als Jesusmenschen, die von dieser guten Nachricht begeistert sind. Und gute Nachrichten sollte man nicht für sich behalten.

Gott hat sein Ja zu mir und zu jedem Menschen gesprochen

„Ja, aber“ ist ein häufig gebrauchter Ausdruck. „Ja, aber“ ist auch eine menschliche Haltung, die ich immer wieder antreffe. In dem Buch „Die 10 dümmsten Fehler kluger Leute“ von Arthur Freeman habe ich hierzu eine Geschichte gefunden: Eine Großmutter nimmt ihren Enkel mit zum Strand. Er spielt gerade im Sand, als eine riesige Welle den Strand überspült und das Enkelkind ins Meer hinaus reißt. Die Großmutter ist verzweifelt. Sie fleht Gott um Hilfe an: Bitte, gib mir meinen Enkel zurück. Und siehe da, eine neue Riesenwelle spült den Jungen wieder dorthin, wo er vorher war, völlig unbeschadet von seiner feuchten Reise. Die alte Frau blickt auf das Kind nieder, sieht zum Himmel und sagt: Danke, Herr, aber wo ist sein Sonnenhut? Danke, aber. Ja, aber. Ja, das war wunderbar, aber. Ja, das sieht gut aus, aber. Ja, er hat gesagt, dass er mich mag, aber. Ja, aber – das ist der Ausdruck einer hartnäckigen Entschlossenheit immer und überall zuerst Negatives entdecken zu wollen. Im 2. Brief des Paulus an die Gemeinde in Korinth schreibt er: „Gottes Sohn Jesus Christus ist nicht als Ja und Nein zugleich gekommen, in ihm ist das Ja verwirklicht. Er ist das Ja zu allem, was Gott verheißen hat.“ (vgl. 2 Kor 1,19 f.) Bei Gott gibt es kein „Ja, aber“. Er hat sein eindeutiges Ja zu mir und zu jedem Menschen gesprochen. Zur gesamten Schöpfung. Damit kann ich gut leben und auch meinen Mitmenschen begegnen. Ohne Wenn und Aber. Damit kann ich auch meine eigenen Schwachstellen annehmen und bejahen. Das gibt Kraft den Alltag zu bewältigen, wenn ich mich so annehmen kann und angenommen weiß. Das gibt Kraft auch den Mitmenschen zu begegnen, denen Gottes Ja genauso gilt. So möchte ich positiv leben, das Leben und meine Mitmenschen bejahen. Oder, wie es der Jesuit Alfred Delp formuliert hat: Lasst uns dem Leben trauen, weil Gott es mit uns lebt.

Die Ferienzeit ist wie eine große Pause

Für die Schulkinder in Rheinland-Pfalz war heute (19.08.2013) der erste Schultag nach den großen Ferien. In anderen Bundesländern dauern die Ferien noch an. Solche Auszeiten tun Kindern und Erwachsenen gleichermaßen gut. Die einen sind von ihren Urlaubszielen hoffentlich gut erholt und gesund zurück gekehrt. Andere sind noch unterwegs und genießen ihre freie Zeit. Und auch diejenigen, die zuhause geblieben sind, werden in unserer wunderbaren Region im Südwesten Ruhe und Entspannung gefunden haben. Das eigentliche Urlaubsziel ist für mich allerdings nicht ein geographischer Ort. Eugen Roth sagt: „Der Urlaub ist erholsam meist nicht nur für den, der in ihn reist. Auch den, der da bleibt freut die Schonung, die er genießt in stiller Wohnung. So zählen zu den schönsten Sachen, oft Reisen, die die anderen machen.“ Egal wo ich bin, wenn ich mir eine Auszeit nehmen kann, dann ist diese Zeit ein großes Geschenk. Als Schüler waren für mich die Pausen auf dem Schulhof immer das Beste am Vormittag, besonders die große Pause. Da lohnte es sich, das ein oder andere Spiel anzufangen, sich ein Stück zu verausgaben. Da wurden das Pausenbrot eingenommen und Neuigkeiten ausgetauscht. Eine Auszeit, eine Ferienzeit, ist wie eine große Pause, in der ich zu mir selber finden kann, aber auch zu meinen Mitmenschen. Ich habe dann Zeit für ausgiebige Gespräche und kreative Spiele. Ich habe auch Zeit neue Menschen oder mir schon bekannte Menschen neu kennenzulernen. Nach der großen Pause gehe ich konzentrierter und aufgelockerter in die nächste Unterrichtsstunde. Nach einer Auszeit in den Ferien kann ich mit neuem Elan an die Aufgaben herangehen, die ich zu bewältigen habe. Wenn ich in den Ferien zu mir selber gefunden habe, wenn ich meine Mitmenschen neu wahrnehmen konnte, dann habe ich doch ein wunderbares Urlaubsziel erreicht. Und dann ist sogar das Wetter egal.

Ich weiß um meine Unvollkommenheit

„Herr, ich bin nicht würdig." So beten Christinnen und Christen regelmäßig im katholischen Gottesdienst. „Herr, ich bin nicht würdig." Viele tun sich schwer mit diesem alten Gebet. Aber wir haben uns diese Worte nicht ausgedacht. Sie sind uns gegeben. In der Bibel begegnet uns ein heidnischer Hauptmann, dessen Diener schwer erkrankt ist. Er wendet sich mit großem Vertrauen an Jesus und bittet um die Heilung seines Dieners. Jesus ist tief beeindruckt vom Glauben dieses Menschen. Die Begegnung findet ihren Höhepunkt in der Heilung des Dieners. Im Mittelpunkt des Geschehens steht dieser Satz des heidnischen Hauptmanns: „Herr, ich bin nicht würdig. dass du eingehst unter mein Dach, sprich nur ein Wort, dann muss mein Diener gesund werden." In einer weiteren Übersetzung heißt es: „Ich bin ja nicht genug, dass du unter mein Dach kommst." Diese Übersetzung hilft mir, das Gebet annehmen zu können, es zu meinem Gebet werden zu lassen. Ich bin nicht genug. Ich bin mir selber nicht genug. Ich weiß um meine Unvollkommenheit. Ich bin nicht genug, so kann ich gut beten. Ich bin nicht genug, aber wenn du, Herr, das, was mir zum Menschsein noch fehlt, auffüllst, dann erfahre ich Heilung. „Herr, ich bin nicht würdig." Dieses kurze Gebet macht mir immer wieder neu bewusst, wer ich bin und wer Gott ist. Es ist ein Gebet des Vertrauens in Gottes heilendes Wirken – hinein in mein unvollkommenes und unvollendetes Leben. Dieses Leben ist mir geschenkt, um es zu gestalten. Aber, sei es noch so schön, es bleibt eine Lücke, etwas Unvollendetes und Unheiles in meinem Leben. Und in diesem Gebet bitte ich Gott, diese Lücke aufzufüllen: „Herr, ich bin nicht würdig, dass du eingehst unter mein Dach, sprich nur ein Wort so wird meine Seele gesund."

In einer klaren Nacht ist der Vollmond faszinierend

Heute ist Vollmond. Am Mond hat sich der Mensch schon sehr früh orientiert. „Du hast den Mond gemacht als Maß für die Zeiten" heißt es in den Psalmen der Bibel. (vgl. Psalm 104,19). Als das „kleinere Licht", das über die Nacht herrscht, bezeichnet es die Schöpfungsgeschichte. (vgl. Gen 1,16) Und wir Christen feiern am Sonntag nach dem ersten Frühjahrsvollmond das Osterfest. Der Mond hat kein eigenes Licht wie die Sonne, sondern reflektiert nur das Licht. Er wechselt seine Gestalt, nimmt zu und nimmt ab. So wurde er, gerade auch als Halbmond, zum Symbol der Vergänglichkeit, des Schwindens und zugleich der Wiederkehr. Der Mond, zweitrangiges Licht nach der Sonne, hat es auch sprachlich nicht leicht. Der ist „hinter dem Mond" sagen Menschen oder bezeichnen jemanden als „Mondgesicht". Und wenn ein Mensch als „mondsüchtig" hingestellt wird, dann sind damit nicht nur geheimnisvolle Einflüsse gemeint, die ihn beherrschen. So ein Mensch gilt als unbeständig und launenhaft wie der Mond. Heute ist Vollmond. Ich finde es immer wieder faszinierend diesen Vollmond in einer klaren Nacht zu erleben. Ein Naturschauspiel besonderer Art. Der Vollmond erinnert mich daran: in jedem Menschen gibt es nicht nur die Sonnenseiten, das strahlende Licht. Jeder Mensch, und das erlebe ich täglich, hat auch seine Mondseiten, so wie das Leben selber nicht nur Sonnenseiten kennt. Ich weiß um meine Schwächen und Grenzen, ich weiß um meine Unbeständigkeit und Unruhe. Ich kenne aber auch meine Stärken und Fähigkeiten, meine Begabungen. Das Wechselspiel von Sonne und Mond ist wie ein Bild meines Lebens. In einem irischen Segenslied singen die Menschen: „Führe die Straße, die du gehst immer nur zu deinem Ziel bergab; hab wenn es kühl wird, warme Gedanken, und den vollen Mond in dunkler Nacht."

Hildegard von Bingen - ihre geerdete Spiritualität ist bewundernswert

In Bingen und Rüdesheim hat sie im 12. Jahrhundert die Klöster Rupertsberg und Eibingen gegründet: die Hl. Hildegard von Bingen. Sie gilt bis heute als starke Frau und Visionärin, als Heilkundlerin, Dichterin und Prophetin. Eine Frau des Mittelalters, einer völlig anderen Gesellschaft und Denkweise, und doch unserer Zeit so nahe. Hildegard hatte einen besonderen Zugang zur Schöpfung Gottes, zu den Pflanzen und Tieren. Ihre Heilkunde ist noch heute vielen Menschen eine Hilfe. Menschen ernähren sich ganz bewusst nach den Ratschlägen dieser besonderen Frau. Doch nicht nur das. Hildegard verstand sich auch als „Prophetissa“, als Prophetin. Als solche weissagte sie nicht etwa die Zukunft. Sie lebte ähnlich den biblischen Prophetinnen und Propheten ganz konzentriert in der Gegenwart. Sie konfrontierte die Machthaber ihrer Zeit schonungslos und angstfrei mit dem Wort Gottes. Unbequeme Botschaften hörten die mächtigen Herren auch damals nicht gerne. Schon gar nicht aus dem Mund einer Frau. Und doch waren ihre Ratschläge bei den Mächtigen gefragt. Hildegard rüttelt auf und mahnt, fordert heraus und weist neue Wege. Sie korrigiert in zahlreichen Briefen das Handeln wichtiger Persönlichkeiten der damaligen Gesellschaft und Kirche. Geleitet von ihrem Gewissen und ihrer inneren Überzeugung ist sie eine starke Frau, die stets für Gerechtigkeit einsteht. Für Menschlichkeit und für Barmherzigkeit. Sie tut dies in einer klaren Sprache und mit einer deutlichen Botschaft. Ich bewundere diese geerdete Spiritualität. Ihren unverstellten Blick zum Himmel und ihren genauso unverstellten Blick auf die Erde. Hildegard von Bingen ging es zeitlebens um Liebe, Gerechtigkeit, Menschlichkeit und Barmherzigkeit. So kann sie auch heute unser Vorbild sein für eine aufrechte und gewissenhafte Lebensgestaltung.

Lasst die Kinder zu mir kommen

„Gebt den Kindern das Kommando. Sie berechnen nicht, was sie tun. Die Welt gehört in Kinderhände. Dem Trübsinn ein Ende. Wir werden in Grund und Boden gelacht, Kinder an die Macht“, so singt Herbert Grönemeyer. Ich mag dieses moderne Lied. Es erinnert mich sogar an eine Geschichte in der Bibel. Eltern bringen ihre kleinen Kinder zu Jesus. Er soll sie berühren, sie segnen. Als seine Freunde die Kinder zurückweisen wollten, sagte er: „Lasst die Kinder zu mir kommen, hindert sie nicht daran! Denn Menschen wie ihnen gehört das Reich Gottes.“ (vgl. Lukas 18,15-17) Die Botschaft, die ich höre: Kinder gehören dazu. Kindern dürfen wir etwas zutrauen. Sie haben ein eigenständiges Lebens – und Entfaltungsrecht. Es ist an uns Erwachsenen, ihnen zu ihren Rechten zu verhelfen. Sie anzunehmen, sie aufzunehmen in unsere Gesellschaft. Diese moderne Gesellschaft ist anders als zur biblischen Zeit. Damals waren die Kinder Arbeitssklaven und Objekte, dem Willen der Erwachsenen ausgesetzt. Oft ohne Chance am Leben wirklich teilzuhaben. Doch auch heute gibt es Kinder auf der ganzen Erde, die nicht genügend Lebensperspektiven haben. Auch in unserem Land. Kinder, die nicht genügend Liebe und Fürsorge erfahren. Kinder, die nicht teilhaben an gesundheitlicher Vorsorge und Bildung. Vergessene Kinder. Die Alternative „Gebt den Kindern das Kommando“ ist wohl keine Lösung. Aber wenn wir unsere Kinder und Enkelkinder in die Mitte unserer Aufmerksamkeit holen. Wenn wir sie als kleine Personen ernst nehmen, dann nehmen wir als Erwachsene unsere Verantwortung war. Es ist die Verantwortung für eine gerechte Welt für die Kinder. Gemeinsam mit den Kindern die Zukunft zu gestalten ist eine besondere Freude und manch Erwachsener wird dabei das Kind in sich neu entdecken.

Der Sinn des Lebens ist das Leben | Ostern und Pascha

Heute endet das jüdische Pascha-Fest. (22.04.2014) Es erinnert jedes Jahr an den Auszug aus Ägypten, an die Befreiung der Israeliten aus der Sklaverei. Damit traten die Israeliten als eigenes Volk in die Geschichte der Menschen. Vor einem Pascha-Fest wurde Jesus am Kreuz hingerichtet und ist am Festtag auferweckt worden. Die Befreiung des Volkes Israel und die Errettung Jesu aus dem Tod liegen nah beieinander – das jüdische Pascha und das christliche Ostern sind in diesem Jahr auch zeitlich nah beieinander. Eine Woche lang feierten nun die Juden ihr Pascha – Leben und Befreiung, eine Woche lang feiern wir Christen in den unterschiedlichen Konfessionen Ostern – Leben und Befreiung. Die Woche nach Ostern hat im Festkalender der Kirchen eine besondere Bedeutung. Wir feiern von Sonntag bis Sonntag eine neue Dimension des Lebens: die Befreiung zum Leben über den Tod hinaus. Diese neue Dimension ist aber nicht nur auf das Jenseits bezogen, auf das ewige Leben, sondern auch auf das Leben hier und jetzt. Auch im Diesseits gilt es die Menschen zu befreien von allem, was tot macht. Ich kann mich einsetzen für Frieden, Gerechtigkeit und die Bewahrung der Schöpfung und so Menschen zum Leben befreien. Und wenn ich selber müde bin, darf ich mich von der Lebenshoffnung und Lebensfreude anderer mittragen lassen. Goethe hat einmal gesagt: Der Sinn des Lebens ist das Leben selbst. Wenn ich auf Ostern schaue und dieses Fest eine Woche nachklingen lasse, dann wird dieses Wort für mich lebendig. Der Sinn des Lebens liegt nicht außerhalb des Lebens oder gar erst im Himmel. Das Leben selber hat einen Sinn, auch wenn es oft genug sehr brüchig erscheint. Das Leben - eingespannt zwischen Geburt und Tod, zwischen Licht und Dunkel, zwischen Gesundheit und Krankheit – dieses Leben mündet im Leben. Pascha und Ostern sind Feste des Lebens und der Befreiung zum Leben.

Ein österlicher Zwischenruf

Mit dem Ostermontag war das Osterfest nicht zu Ende. Die christlichen Kirchen feiern dieses Fest eine Woche lang bis zum kommenden Sonntag – dem so genannten Weißen Sonntag. Jeden Tag in dieser Woche von Sonntag bis Sonntag wird die Osterbotschaft in den biblischen Texten der Gottesdienste neu entfaltet. Neu entdeckt. Immer mehr können wir erkennen, was Ostern mit unserem Leben zu tun hat. Halte mich nicht fest, sagt der auferweckte Jesus zu seiner überraschten Jüngerin Maria Magdalena. (vgl. Johannes 20,17) Gerade noch war sie tieftraurig. Halte mich nicht fest – das ist ein österlicher Zwischenruf hinein auch in mein Leben. Ich bin eher praktisch veranlagt, möchte etwas in der Hand halten, etwas festhalten können. Ich möchte vielleicht auch einen Menschen, der verstorben ist, festhalten können für immer. Ich kann ihn nicht einfach loslassen. Halte mich nicht fest. Dieser Aufforderung Jesu ist Maria von Magdala nachgekommen. Sie geht gestärkt zu ihren Freundinnen und Freunden zurück, weil sie etwas erfahren hat. Ihre Erfahrung ist nicht mit Händen greifbar. Sie kann diese Erfahrung - eine Ostererfahrung - nur im Glauben weitergeben. Sie kann ihnen nur davon erzählen. Die Woche nach Ostern erinnert mich auch an meine eigenen Toten. Menschen, die ich vermisse. Menschen, die ich nicht festhalten konnte. Menschen, die ich loslassen musste. Meinen Vater und viele Freunde, die ich gehen lassen musste. Auch ich kann nur von ihnen erzählen, besondere Erlebnisse und Begegnungen erinnern. Festhalten mit Händen konnte ich keinen von ihnen, aber in meinem Herzen bewahren kann ich sie alle. Ostern geht über das Erinnern hinaus. Ostern vollendet das sterbliche Leben der Schöpfung für immer in einer neuen Schöpfung. Die Begegnung der Maria von Magdala mit dem Auferweckten ist ein besonderes Zeichen für diese Vollendung, die uns verheißen ist.

Die Sehnsucht nach Frieden durchzieht die Geschichte

Unser Enkelkind Leni macht uns allen viel Freude. Diesen wenige Monate alten kleinen Säugling zu erleben, wie er von Tag zu Tag die Welt erobert, das ist einfach faszinierend. Wie sie jetzt schon mit so wachen Augen in die Umgebung schaut und uns wahrnimmt. Wenn ich sie so ansehe frage ich mich manchmal: In welche Welt hinein wurde dieses Kind geboren? Wie sieht diese Welt aus, wenn Leni 20 Jahre alt ist und ich, so Gott will, gut 70? Wie sieht die Welt aus, wenn Leni selber Mutter wird und ihre eigenen Kinder in diese Welt einführt? Niemand vermag dies vorherzusagen. Aber ich weiß, was ich diesem kleinen Kind wünsche. Dass es in einer Welt aufwachsen wird, die sich immer mehr dem Frieden zuwendet. Die Sehnsucht nach Gerechtigkeit und Frieden für alle Mensch und alle Geschöpfe durchzieht die ganze Geschichte. Und doch ist es so schwierig mit dem Frieden – im Großen wie im Kleinen. Der Friede sei mit euch, so grüßt der auferweckte Jesus seine Jünger als nach seinem Tod zu ihnen kommt. Der Friede sei mit euch! (Lukas 24,36) Eine österliche Zusage. Der Friede sei mit dir. Das wünsche ich der kleinen Leni und das wünsche ich allen Kindern auf dieser Erde. Wenn in der Bibel von Frieden die Rede ist, dann ist meist Shalom gemeint. Shalom ist ganzheitlich zu verstehen und meint auch Wohlergehen, Sicherheit und Ruhe. Auch das wünsche ich unserer kleinen Leni und allen Kindern. Wenn hebräisch sprechende Menschen sich begrüßen, dann sagen sie oft: Was ist dein Shalom? Es ist eine Frage nach dem Wohlbefinden und zugleich der Wunsch für ein erfülltes Leben. Alles das fällt nicht einfach vom Himmel. Der Friede sei mit euch. Das ist auch ein Auftrag, eine österliche Herausforderung. Mein Leben, das Leben jedes Menschen, auch das Leben der kleinen Leni, soll mit dazu beitragen, dass die Welt anders wird. Friedvoller. Ich möchte der kleinen Leni dabei helfen, Frieden zu finden und Frieden zu geben.

Leicht zu sprechen ist nicht so leicht.

Das ist leichter gesagt als getan, so sage ich manchmal im Gespräch, wenn jemand locker flockig etwas vorschlägt. Wenn ich eher skeptisch bin. Das ist leicht gesagt – fast schon eine Redewendung. Seit einigen Jahren gibt es offiziell die „Leichte Sprache“. Sie ist entstanden aus einer Selbsthilfebewegung von Menschen mit geistiger Behinderung. Seit der UN-Menschenrechtskonvention von 2008 gehört sie mit zu deren „Recht auf Verstehen“. Leicht zu sprechen ist nicht so leicht. Leichte Sprache ist nicht kinderleicht, sie ist keine Kindersprache. Leichte Sprache ist auch nicht unbedingt verständlicher, es geht ihr nicht um das totale Verstehen. Es bleibt vieles offen. Anderes bleibt fragwürdig. Die Lebenshilfe Bremen hat passend zum diesjährigen Osterfest die Ostergeschichte in Leichter Sprache herausgegeben. Denn auch in der Verkündigung hilft diese Sprache. Ich höre manche biblischen Geschichten neu und die alten Botschaften kommen unbehindert bei mir an. Hier eine Kostprobe aus dem Osterevangelium (vgl. Lukas 24,1-6): „Es ist ganz früh am Sonntag. Die Frauen gehen zum Grab von Jesus. Da sehen sie: Die Höhle ist offen. Die Frauen gehen in die Höhle. Da sehen sie: Das Grab ist leer. Da kommen zwei Engel. Sie sagen zu den Frauen: Jesus ist wieder bei den Menschen. Er lebt.“ Es ist eine Freude so die alte Geschichte von Ostern neu zu lesen und zu verkünden. Die einfachen und kurzen Sätze der leichten Sprache schaffen einen Raum für eigene Bilder und Gedanken. Ich kann diesen Raum mit meinen eigenen Erfahrungen und auch Fähigkeiten füllen. Im Hören können mein Glaube und auch meine Phantasie mitgehen und so die leeren Stellen füllen. Jesus ist wieder bei den Menschen. Er lebt. So ein Wort in leichter Sprache gibt mir Kraft für meinen Lebensweg. Ich nehme diese Botschaft einfach mit hinein in mein Leben.

Es lohnt sich einfach mal aufzuhören.

Es sind noch Schulferien. Für viele Menschen eine lang ersehnte Auszeit. Eine freie Zeit. Eine Zeit, die Kinder und Erwachsene gleichermaßen genießen. Einmal das tun, wozu ich sonst so selten komme. Einfach mal in den Tag hineinleben. Den Alltag vergessen. Eine solche Auszeit ist wie eine Brachzeit, die die Natur in jedem Winter erlebt. Brachliegen. Da denke ich vielleicht eher an ungenutzt, vergeudet, unproduktiv. Frühere Generationen dagegen ließen ganz bewusst ein Drittel des Ackerlandes als Brache liegen, damit sich der Boden erholen konnte. Das Wachstum kommt zum Stillstand. Die Blätter werden abgeworfen. Der Boden kann sich erholen. Äußerlich sieht man kaum was von dem, was sich innerlich verwandelt und verändert. Es lohnt sich in der Betriebsamkeit des Alltags einfach mal aufzuhören. Eine Brachzeit zu haben. Wenn wir uns eine Auszeit nehmen, wie es jetzt viele in der Ferienzeit tun, dann muss ich deswegen nicht weit wegfahren. In der eigenen Region und sogar in den eigenen vier Wänden kann ich aufhören betriebsam zu sein. Jede Auszeit kann, wie die Brachzeit in der Landwirtschaft, fruchtbar sein. Erholsam. Lebendig. Ich mache den Wert meines Lebens nicht fest an der Arbeit und meiner Produktivität. Es gibt keinen Menschen, der sich sein Recht auf Leben erarbeiten oder beweisen muss. Juden und Christen sind sich einig darin, dass dieses Ruhehalten, dieses Aufhören, heilig ist. In den ersten Kapiteln der Bibel erzählen Menschen davon, wie sie sich damals die Erschaffung der Welt durch Gott vorstellten. Die Vollendung der Schöpfung am siebten Tag geschieht durch die Ruhe des Schöpfers und seiner Geschöpfe. Eine Brachzeit, eine Auszeit, kann zu einer besonderen Zeit werden – für Schöpfer und Geschöpfe. Für Gott und Mensch..

Wenn ich wütend bin, will ich etwas verändern.

Erinnern Sie, wann Sie das letzte Mal so richtig wütend waren? Auf einen Menschen, auf sein Verhalten. In einer Situation. Ich bin selten wütend und wenn, erinnere ich das genau. Wut bricht bei mir aus, wenn mich etwas massiv ärgert. Wenn Menschen oder ich selbst ungerecht behandelt werden. Wenn ich wütend bin, will ich etwas verändern. Ich will mich nicht damit abfinden, was geschehen ist oder geschieht. Wut gibt mir Kraft und Energie es nicht so zu belassen, wie es ist. Es beruhigt mich, wenn ich in der Bibel einen wütenden und zornigen Jesus erlebe. Er geht die Pharisäer wütend an: „Weh euch ihr Heuchler! Blinde Führer seid ihr! Ihr haltet Becher und Schüsseln außen sauber, innen aber sind sie voll von dem, was ihr in eurer Maßlosigkeit zusammengeraubt habt.“ (vgl. Matthäus 23,25) In seiner Wut über das Verhalten der Pharisäer erkenne ich, was Jesus wesentlich und heilig ist. Seine Wut entbrennt immer dann, wenn Unrecht geschieht. Wenn sich Menschen von der Gerechtigkeit loslösen. Der liebe und gütige Jesus ereifert sich dann wütend für Gerechtigkeit und Wahrheit. Seine Liebe und seine Güte sind dabei keine Gegensätze zu seiner Wut. Ich spüre seine Energie, die wie Feuer in ihm brennt. Manchmal wünsche ich mir, dass ich öfter wütend wäre. Wenn in meiner Nähe Unrecht geschieht oder Falsches erzählt wird. Wenn Menschen lieblos miteinander umgehen. Ständige Wutanfälle oder Wutausbrüche helfen da nicht weiter. Dann werde ich zum ungenießbaren Wüterich. Doch wenn Wut angebracht ist, dann sollte ich sie nicht unterdrücken. Sie ist dann eine Energie, die etwas verändern kann. Wie eine Kraft und Leidenschaft, die mich kreativ werden lässt. Ich bewundere diesen Jesus, der diese Kraft und Leidenschaft lebt. Der wütend ist, wenn Menschen einander Unrecht tun. Der seine Wut nicht unterdrückt, weil er lieb sein will.

Die WM ist zu Ende. Die Probleme bleiben.

Das war ein Gefühl vor gut sechs Wochen. An einem Sonntagabend. Deutschland ist Fußballweltmeister geworden. Kaum jemand, der sich dieses Endspiel entgehen ließ. Millionen Menschen blickten wochenlang nach Brasilien. Das Gastgeberland zeigte sich von seiner besten Seite. Prächtige Stadien. Gut gelaunte, feiernde Menschen. Die Probleme des Landes wurden für eine Zeit lang verdrängt. Jetzt schaut die Welt nicht mehr auf Brasilien. Die Probleme aber sind den Brasilianern geblieben. Überhöhte Steuern. Korruption. Bildungsarmut. Wachsende Elendsviertel. Wochenlang war die Weltöffentlichkeit abgelenkt von diesen Herausforderungen. Wochenlang waren die Betroffenen in diesem Fußballland Brasilien selber abgelenkt von ihren Problemen. Probleme, die nicht neu sind. Heute (27.08.2014) vor 15 Jahren verstarb Dom Hélder Camara. Ein brasilianischer Bischof. Von den Menschen in seinem Land und darüber hinaus bis heute hoch verehrt. Als „Bruder der Armen" setzte er sich leidenschaftlich für die Verbesserung der Lebenssituation der Menschen in Brasilien und ganz Lateinamerika ein. Als Kämpfer für die Menschenrechte nannte man ihn das „Gewissen Brasiliens". So trat er massiv und entschieden der damaligen Militärdiktatur entgegen. Ihm war es wichtig, dass die Kirche bei den Menschen ist, ihnen und der Welt zugewandt. Einem Priester, der sich in einem Armenviertel engagierte, sagte er: „Du hast die neue Zeit verstanden. Du weißt, dass die gute Nachricht heute mehr denn je mit Taten verkündet werden muss, ehe sie mit Worten gepredigt wird". Eine Inspiration für alle, denen auch nach der Fußballweltmeisterschaft die Brasilianer mit ihren Problemen und Sorgen nicht egal sind. Der Todestag von Dom Hélder Camara könnte uns positiv beunruhigen. Klein von Gestalt ist und bleibt dieser Bischof einer der ganz Großen der Christenheit.

Im Notwendigen Einheit, im Zweifel Freiheit, in allem Liebe.

„Im Notwendigen Einheit, im Zweifel Freiheit, in allem Liebe". Ein Wort, das dem Kirchenvater Augustinus zugeschrieben wird. Der Kalender erinnert heute (28. August) an diesen Menschen, der um 400 nach Christus lebte. Er war in seinen letzten Lebensjahren bis zu seinem Tod Bischof von Hippo in Nordafrika. Im heutigen Algerien. Als großer Denker des christlichen Altertums hat er die Theologie und Philosophie der nachfolgenden Jahrhunderte bis auf den heutigen Tag entscheidend beeinflusst. „Im Notwendigen Einheit, im Zweifel Freiheit, in allem Liebe". Ein Wort, das zum Leitbild meiner Kirche gehört und auch mir persönlich viel bedeutet. Es spricht mich an, weil es für eine offene und weite Kirche steht. Für ein offenes Christentum. Augustinus lebte nah am Ursprung des Christentums. Die Welt war noch klein. Vieles war noch unentdeckt und unerforscht. Viele Regionen der Erde waren den ersten Christen noch fremd. Die großen Spaltungen der Kirchen standen noch aus. Heute leben wir in einer vernetzten Welt. Kaum ein Fleck in der Welt, der nicht irgendwie erforscht und bekannt ist. Jede Religion sucht ihren Platz. Das Christentum ist mittlerweile in viele Konfessionen geteilt. Hier ist dieses Wort des Augustinus wie ein Leitwort für das Miteinander der christlichen Kirchen und Gemeinden. Es ermutigt aufeinander zuzugehen. Sich im Notwendigen zu vereinen. Im Engagement für die notleidenden Menschen. Im Sinne der Bibel Not zu wenden. Gemeinsam so den Glauben an Gott zu bezeugen. Dann aber dem jeweils anderen genügend Freiraum zu geben für seine eigenen Ansichten und Meinungen. Für seine Art zu glauben und zu vertrauen. Tolerant und offen zu sein und respektvoll miteinander umzugehen. So rücken wir als Christen enger zusammen und wissen uns in der Liebe verbunden.

Gelegenheiten gibt es genug, Zivilcourage zu zeigen

Die Christen geben ihren Gedenktagen manchmal kuriose Namen. So steht heute (29. August) im Kalender der Kirchen der Gedenktag der „Enthauptung Johannes des Täufers“. Makaber und gruselig sind die Bilder, auf denen Künstler darzustellen versuchen, wie der Frau von König Herodes und deren Tochter der Kopf des Täufers auf einer Schale präsentiert wird. Johannes musste sterben, weil er unmissverständlich und auf die Gebote Gottes hingewiesen hatte. Eine königliche Familie zurechtzuweisen, das braucht gehörig Mut. Johannes ist das Einstehen für seine Überzeugungen wichtiger als mögliche Nachteile für sich selber. Mutig dieser Mensch. Mir kommt dabei heute das Wort „Zivilcourage“ in den Sinn. Johannes der Täufer hatte Zivilcourage. Er wurde dafür enthauptet. Zivilcouragiertes Handeln trägt immer Risiken in sich. Man kann nie wissen, wie sich eine kritische Situation entwickelt, wenn ich meine Meinung mit Überzeugung vertrete oder sogar aktiv eingreife. Manchmal verlässt mich hier schon der Mut. Gewalt im öffentlichen oder privaten Raum, Mobbing an Schulen und am Arbeitsplatz. All das gibt es leider genug. So gibt es genügend Gelegenheiten, die unsere Zivilcourage erfordern. Unseren Mut. Wenn ich mit offenen und kritischen Augen lebe, sehe ich, was zu tun ist. Dann sehe ich hoffentlich nicht weg, wenn in meinem Umfeld Menschen gemobbt werden oder ihnen Unrecht geschieht und Gewalt angetan wird. Ich wünsche mir dann den Mut, mich einzumischen. Zivilcourage zu zeigen, wenn Menschen gedemütigt, bedroht oder angegriffen werden. Nicht schweigen und wegschauen. Johannes der Täufer hätte es leichter haben können, wenn er seinen Mund gehalten hätte. Sein Leben wäre ihm wohl erhalten geblieben. Doch er hatte die Kraft das Unrecht beim Namen zu nennen. Ein kurioser Gedenktag, aber eine wichtige Botschaft.

Printed by Books on Demand GmbH, Norderstedt / Germany